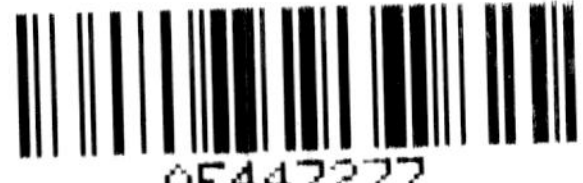
AF447277

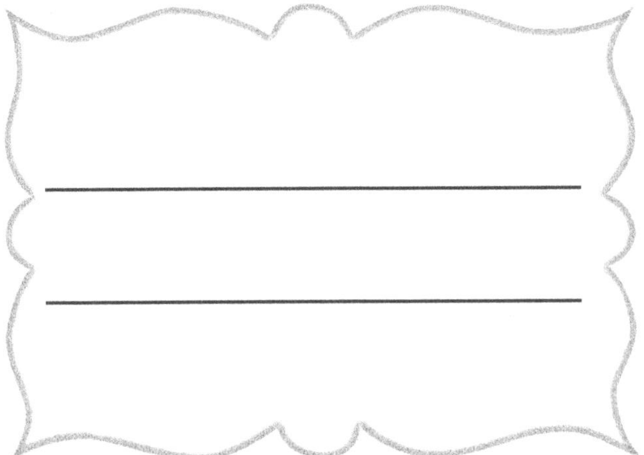

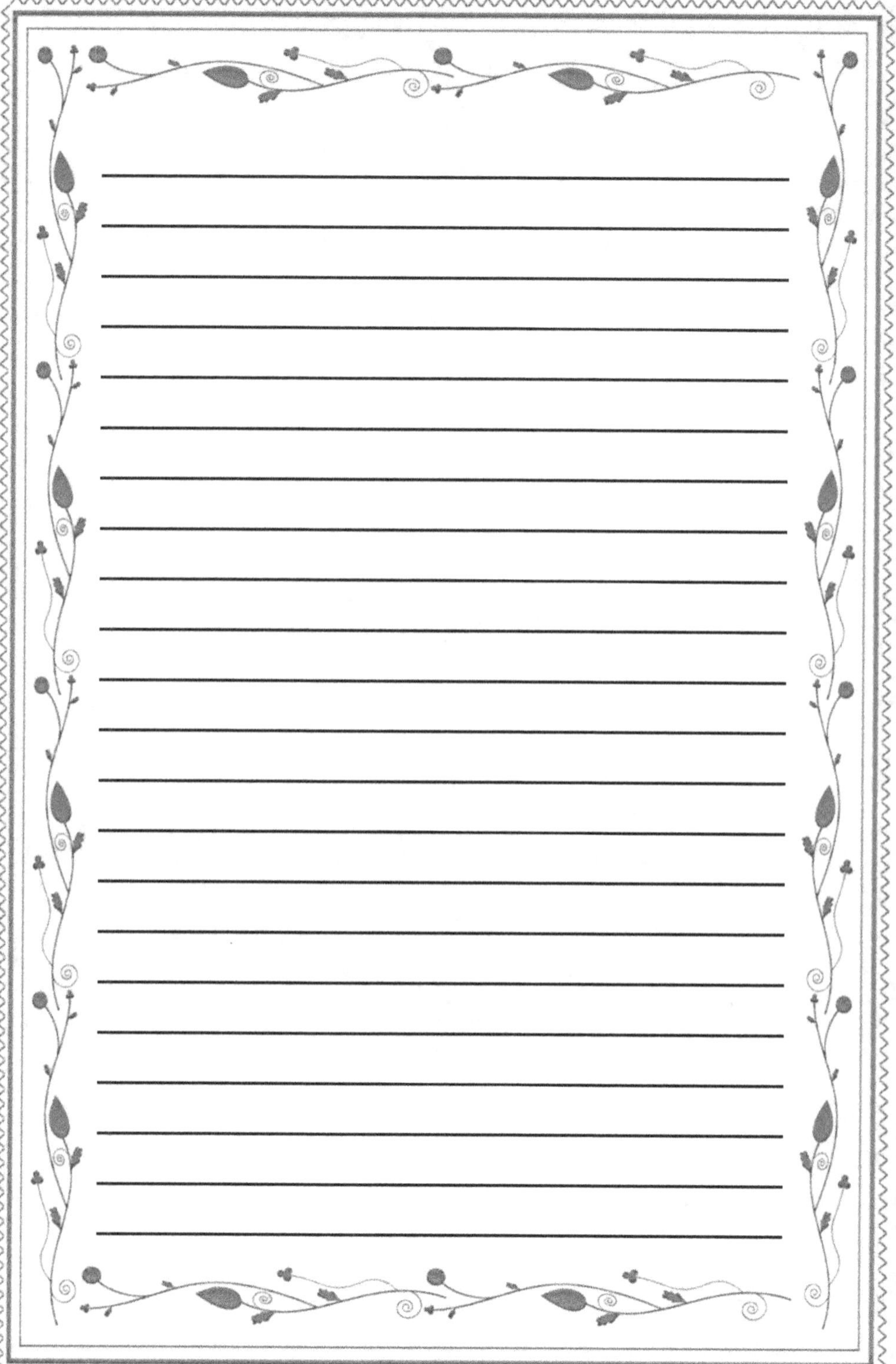

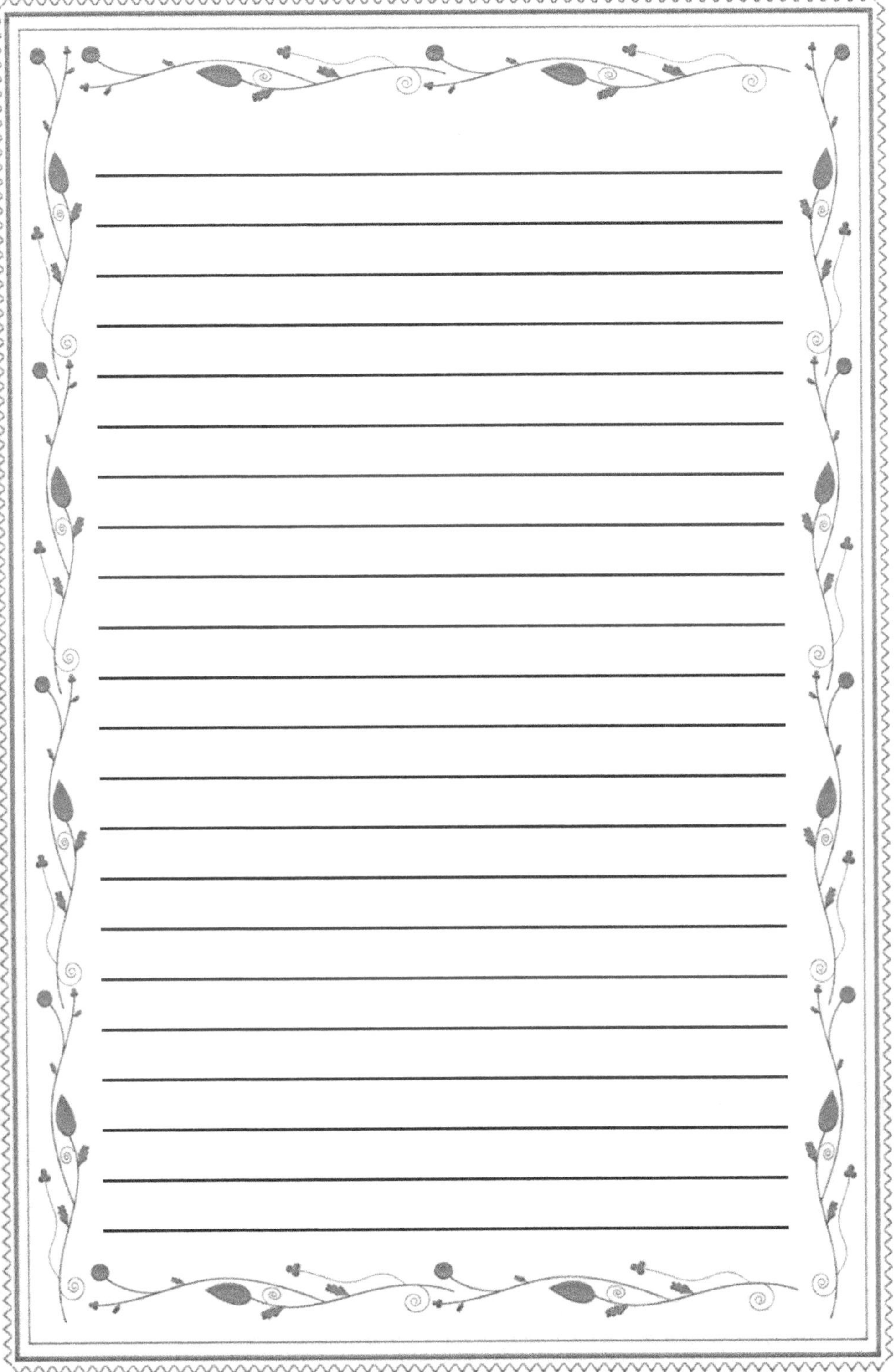

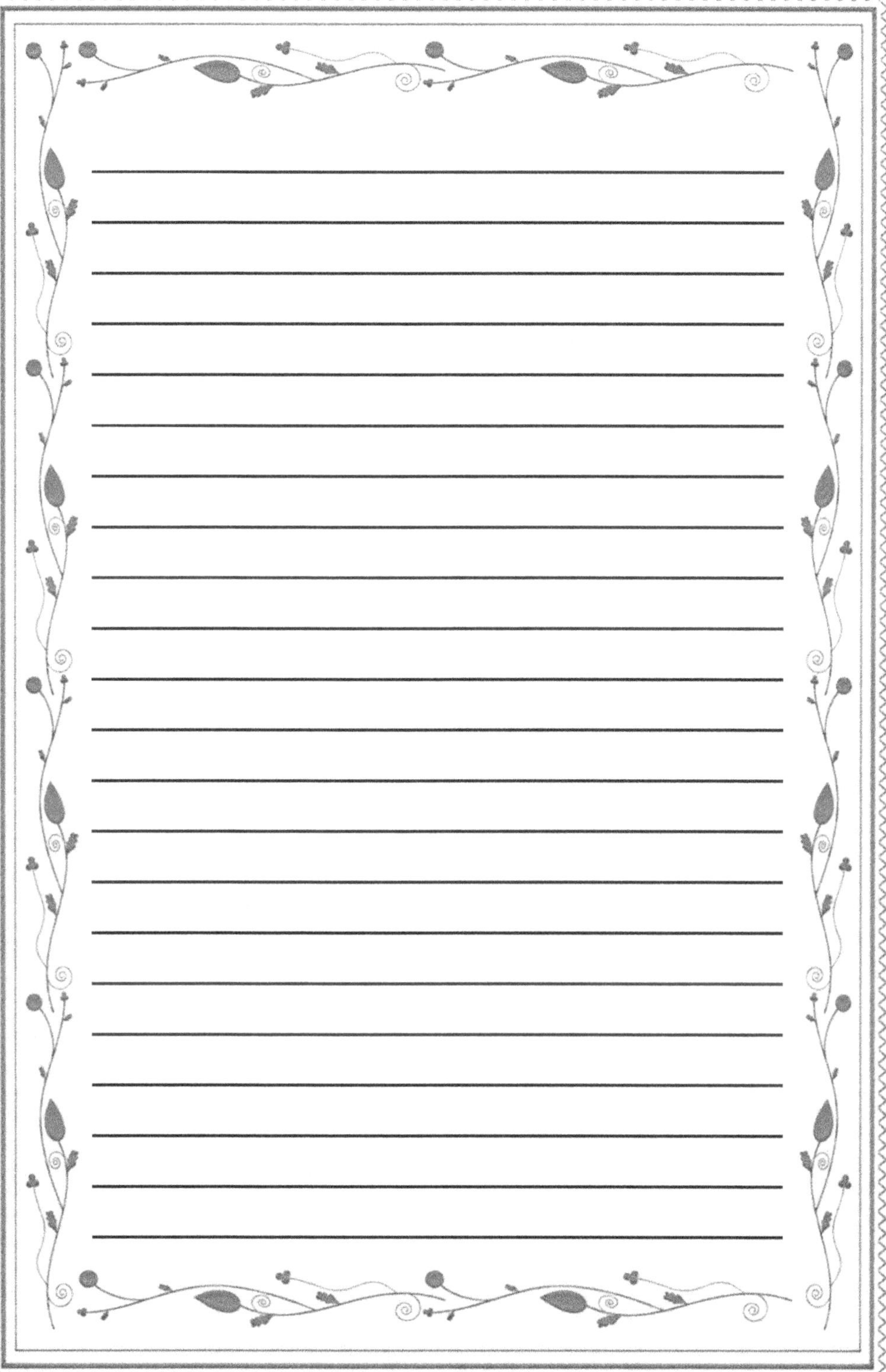

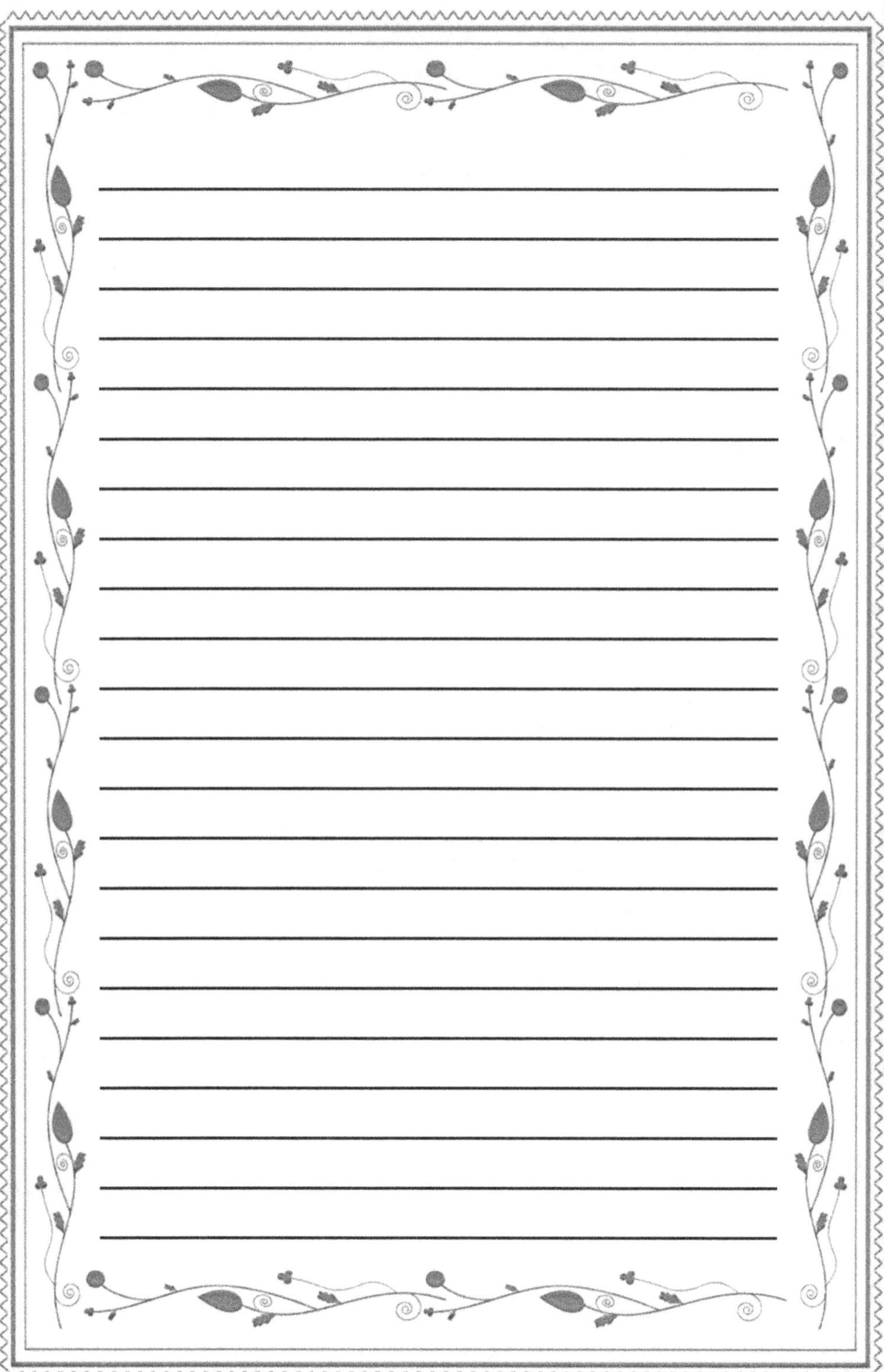

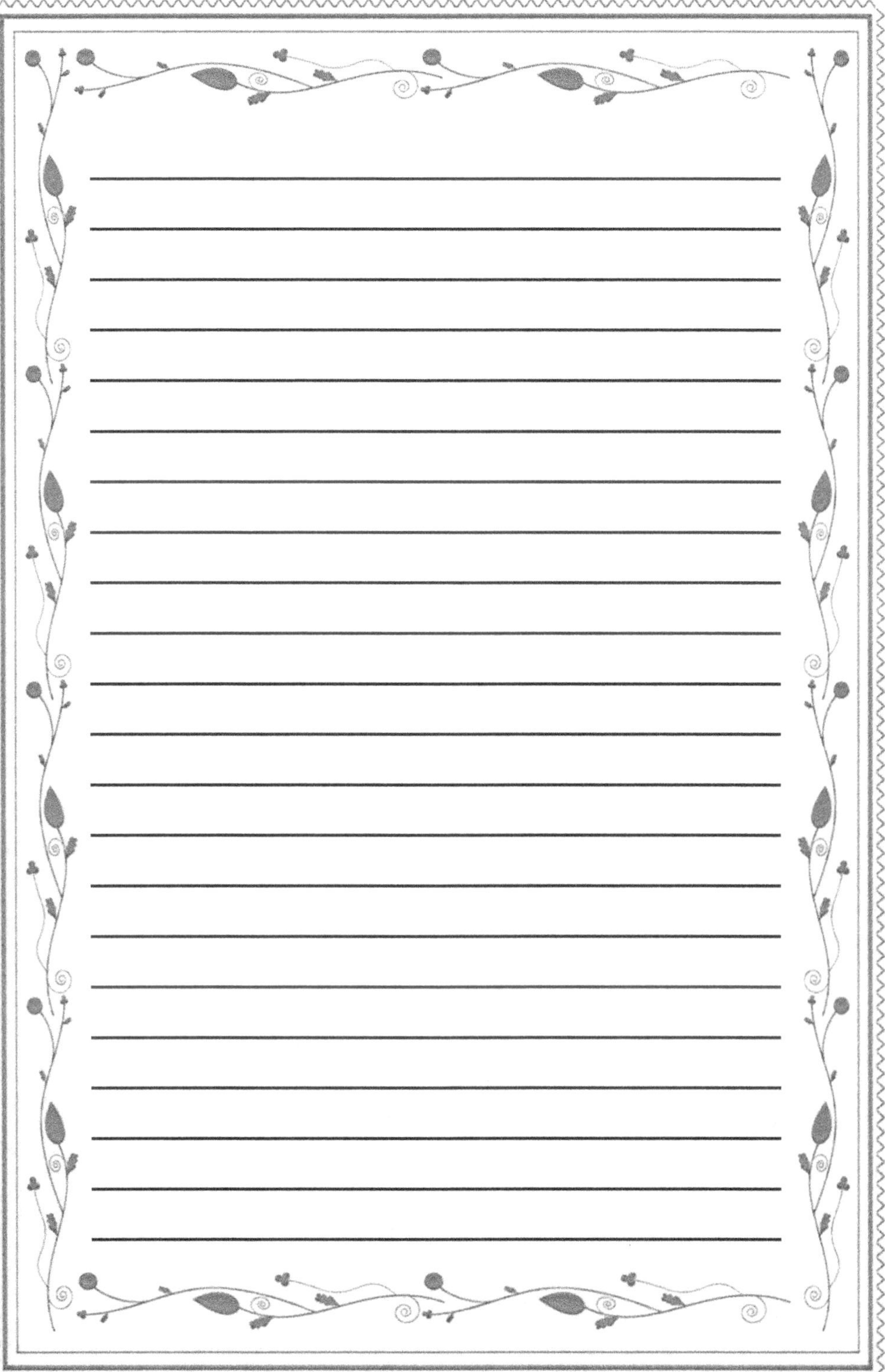

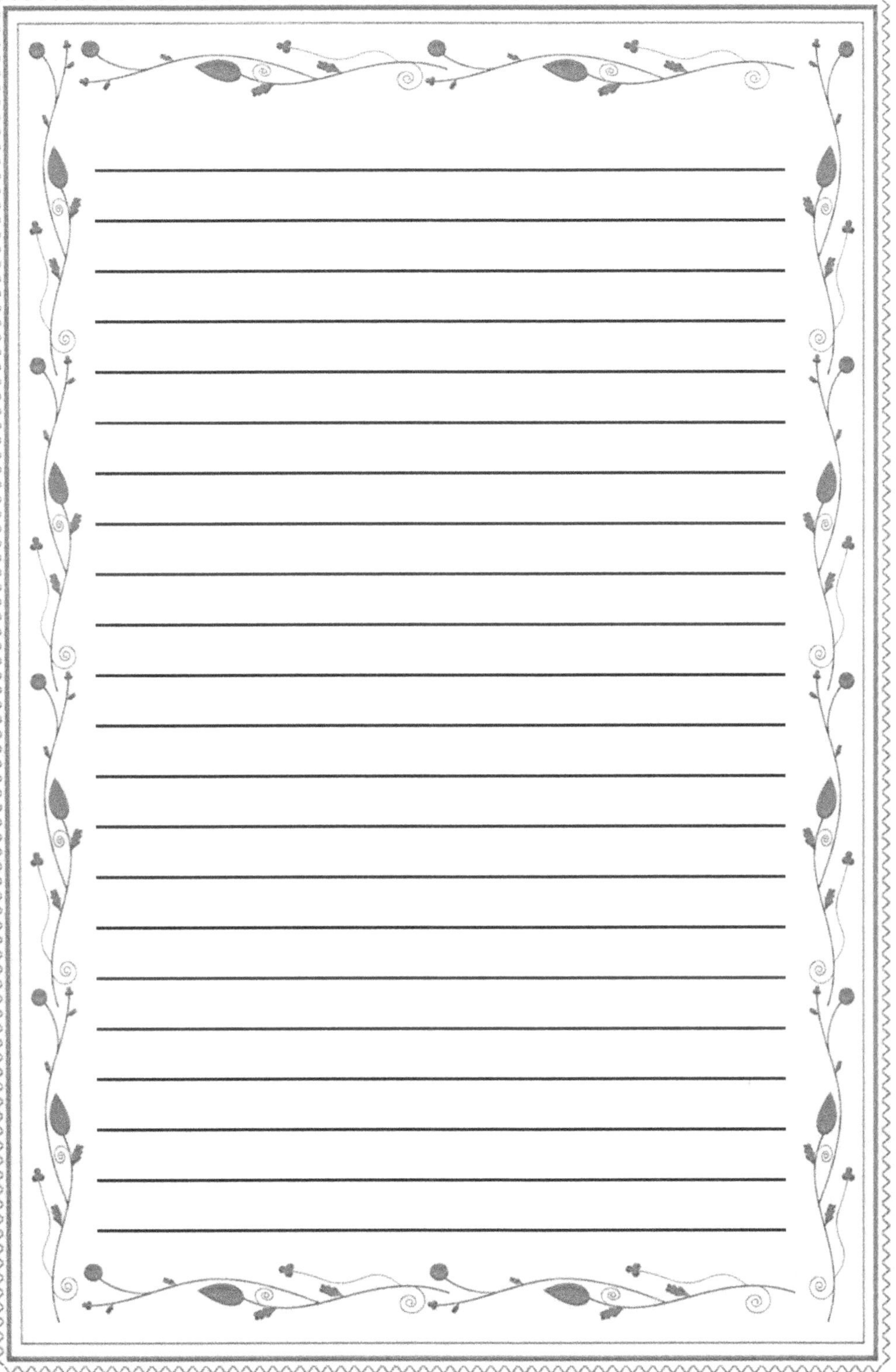

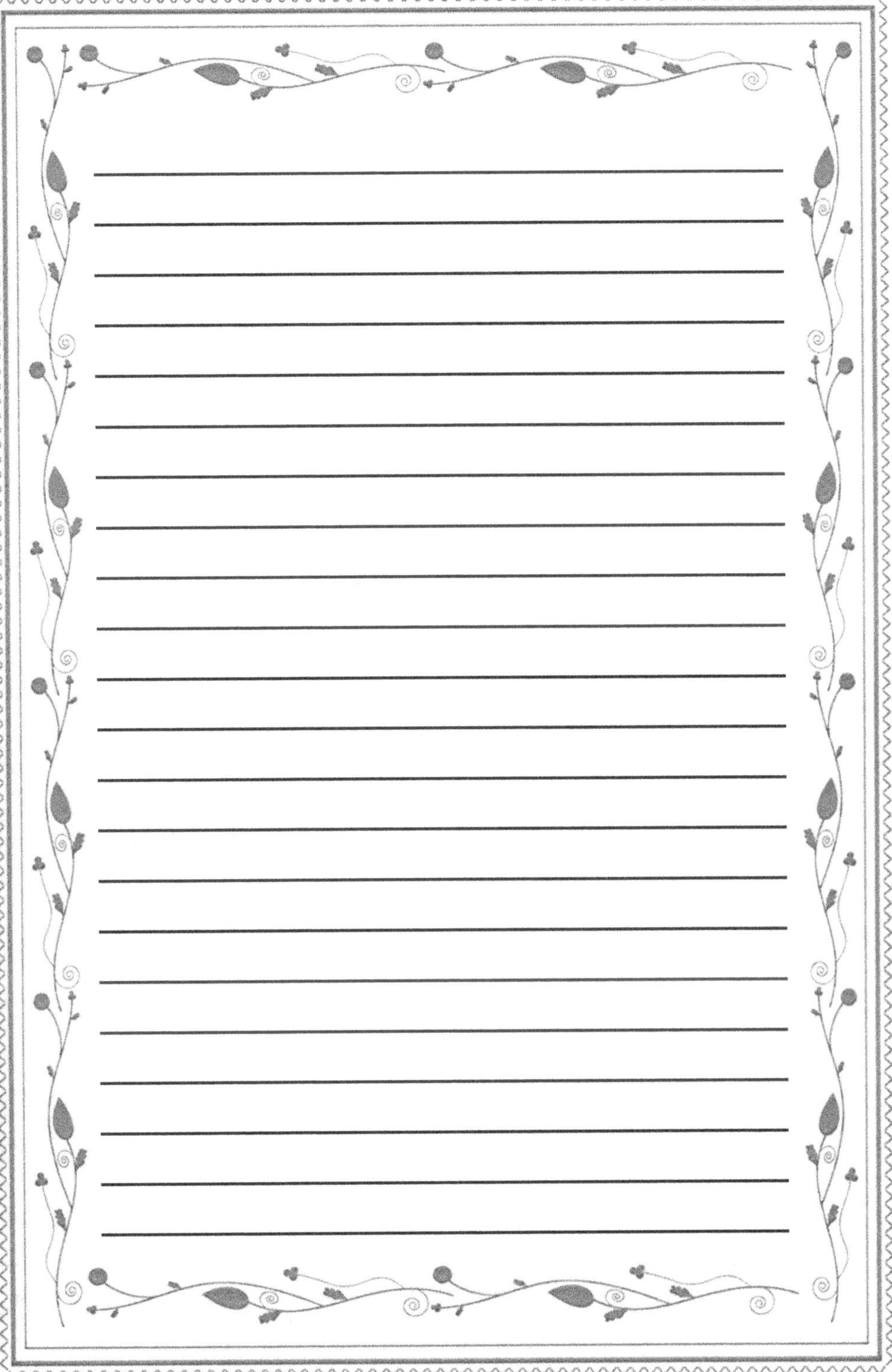

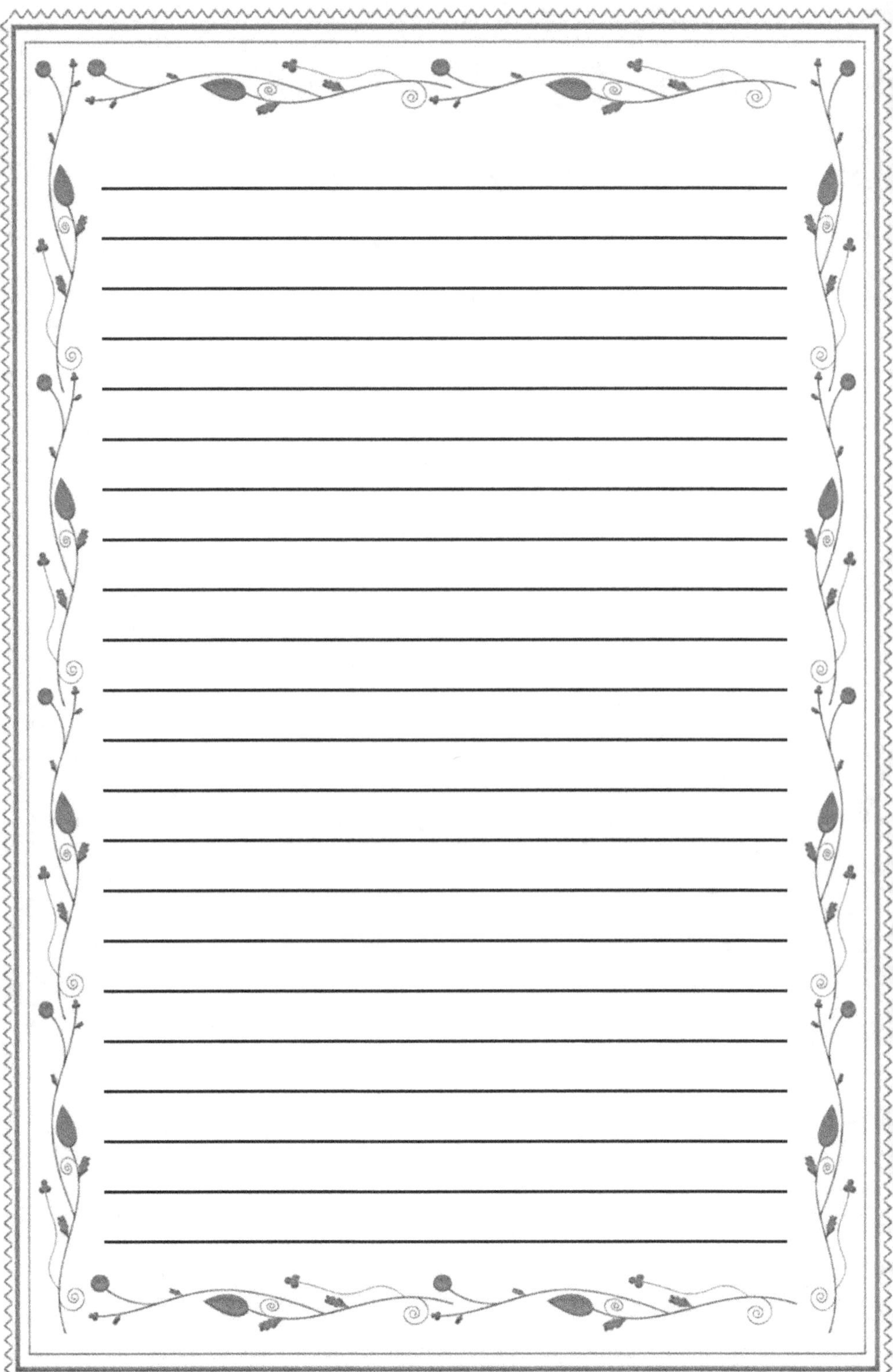

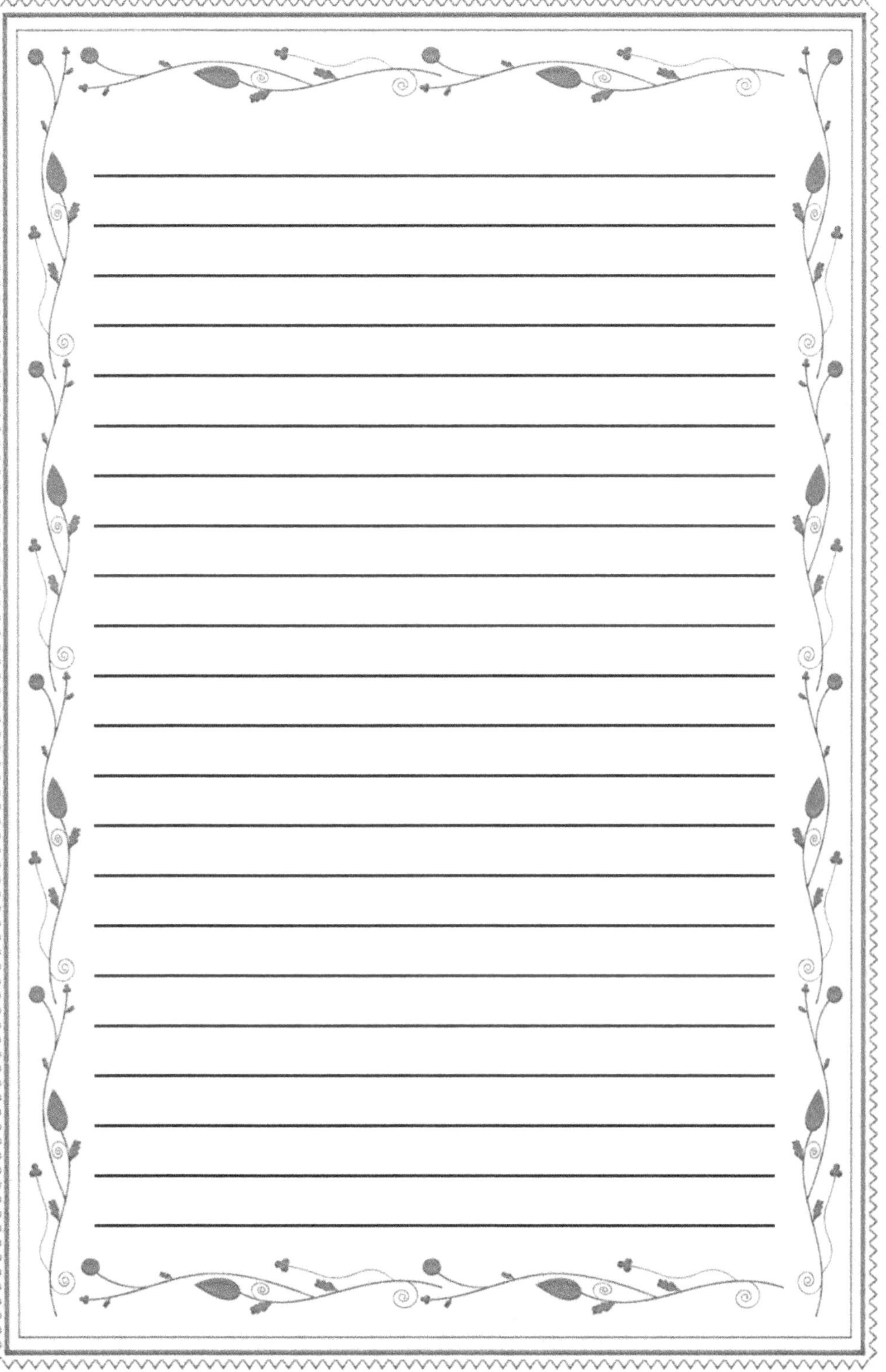

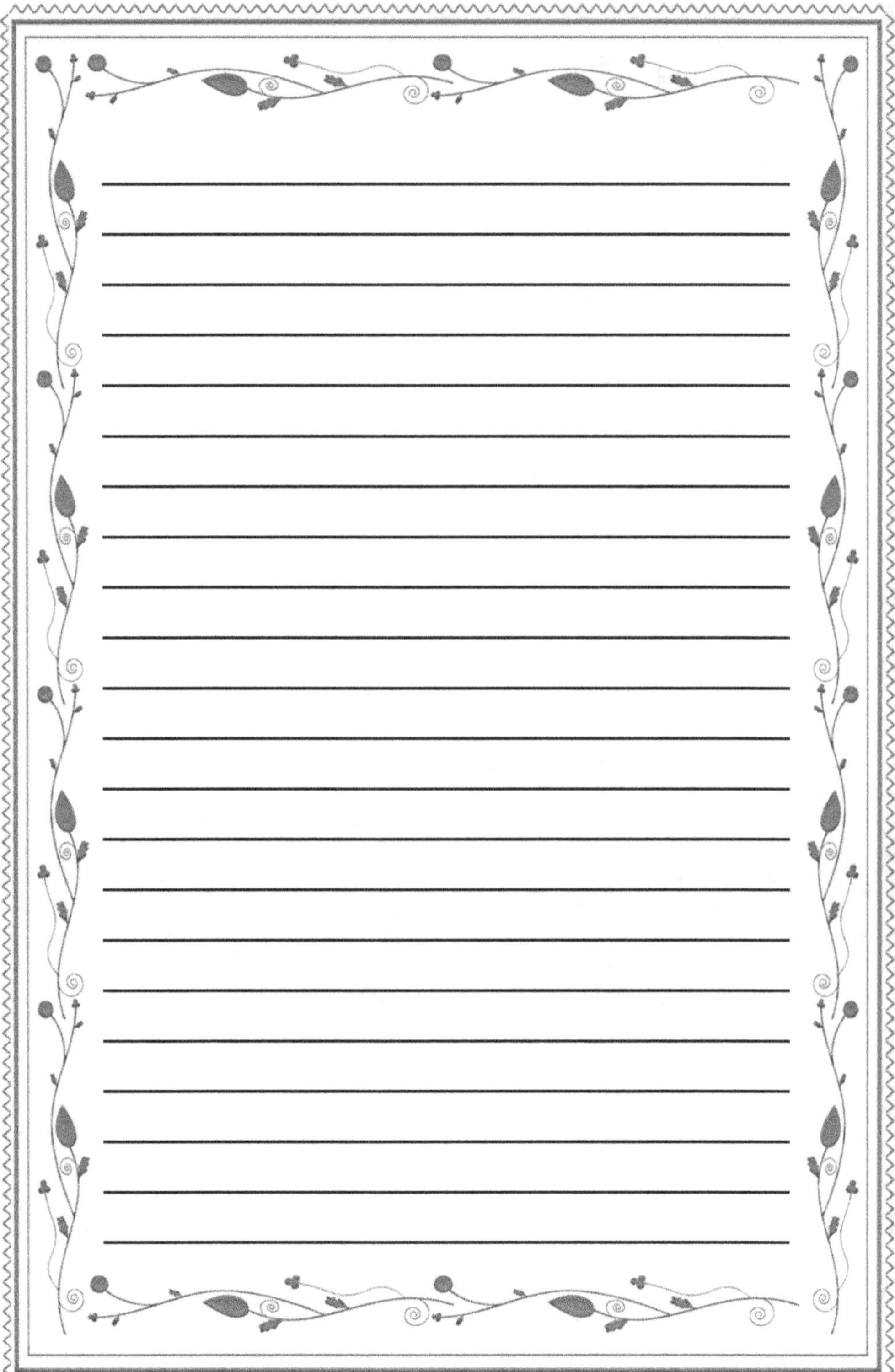

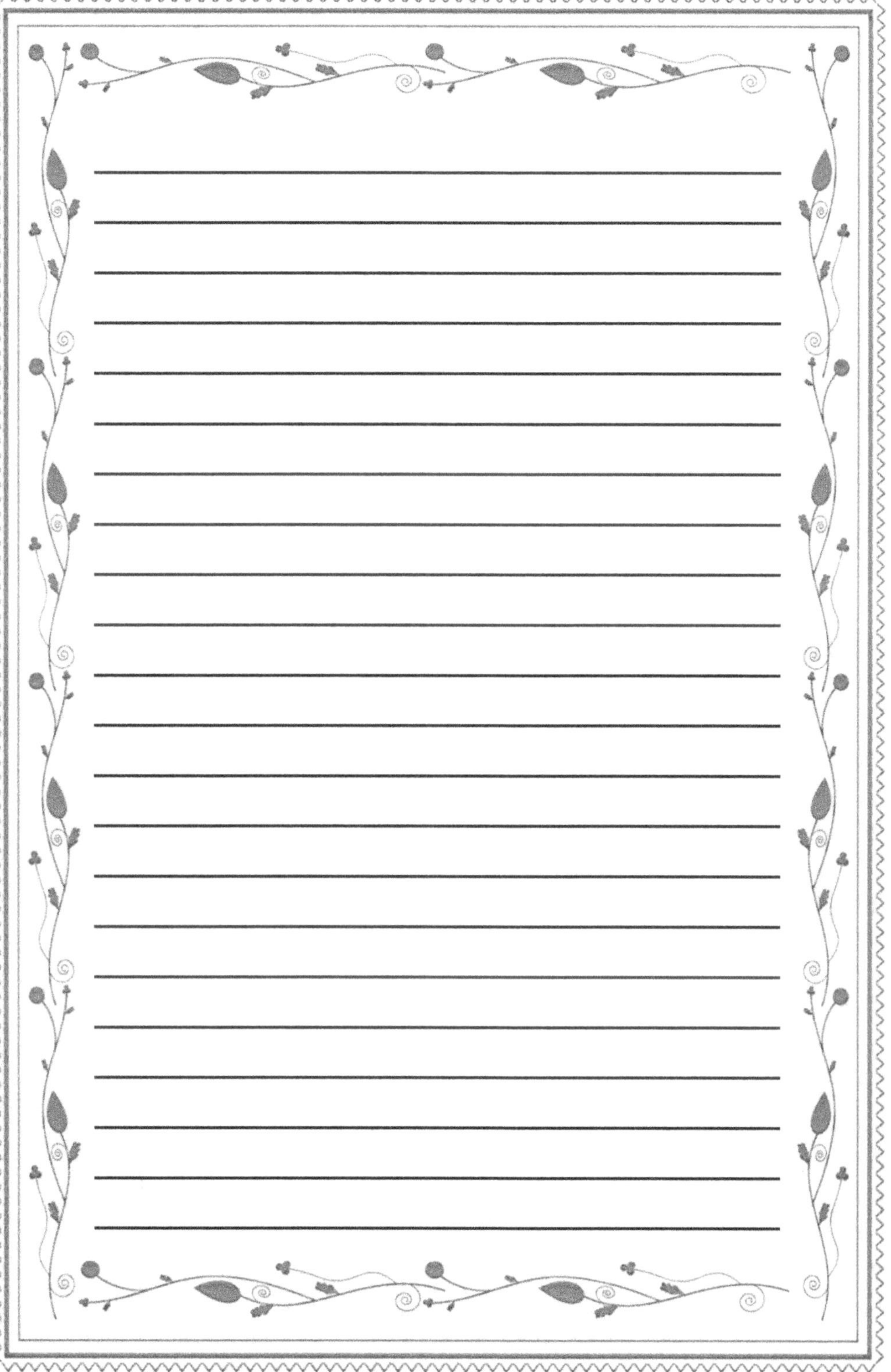

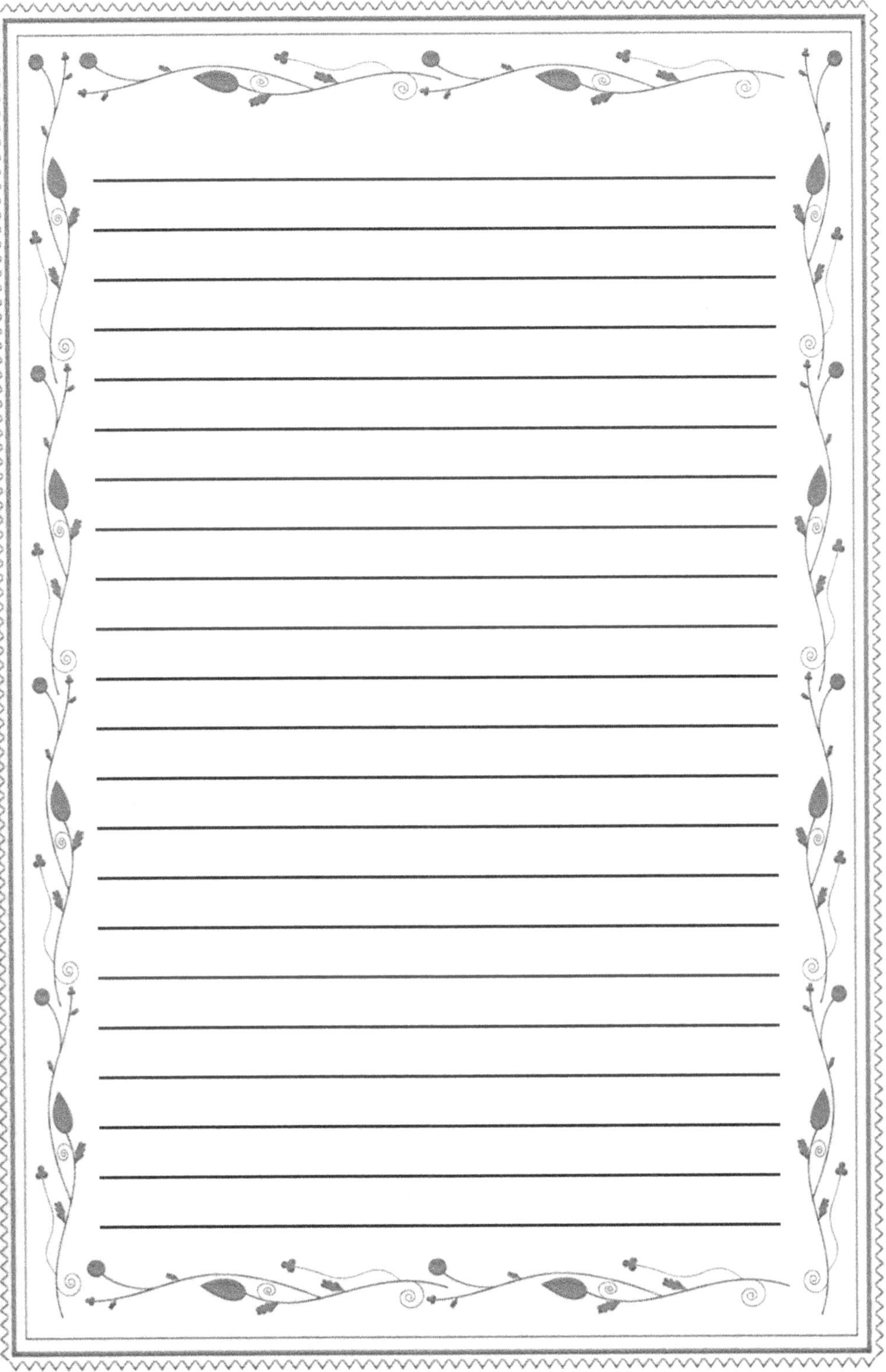

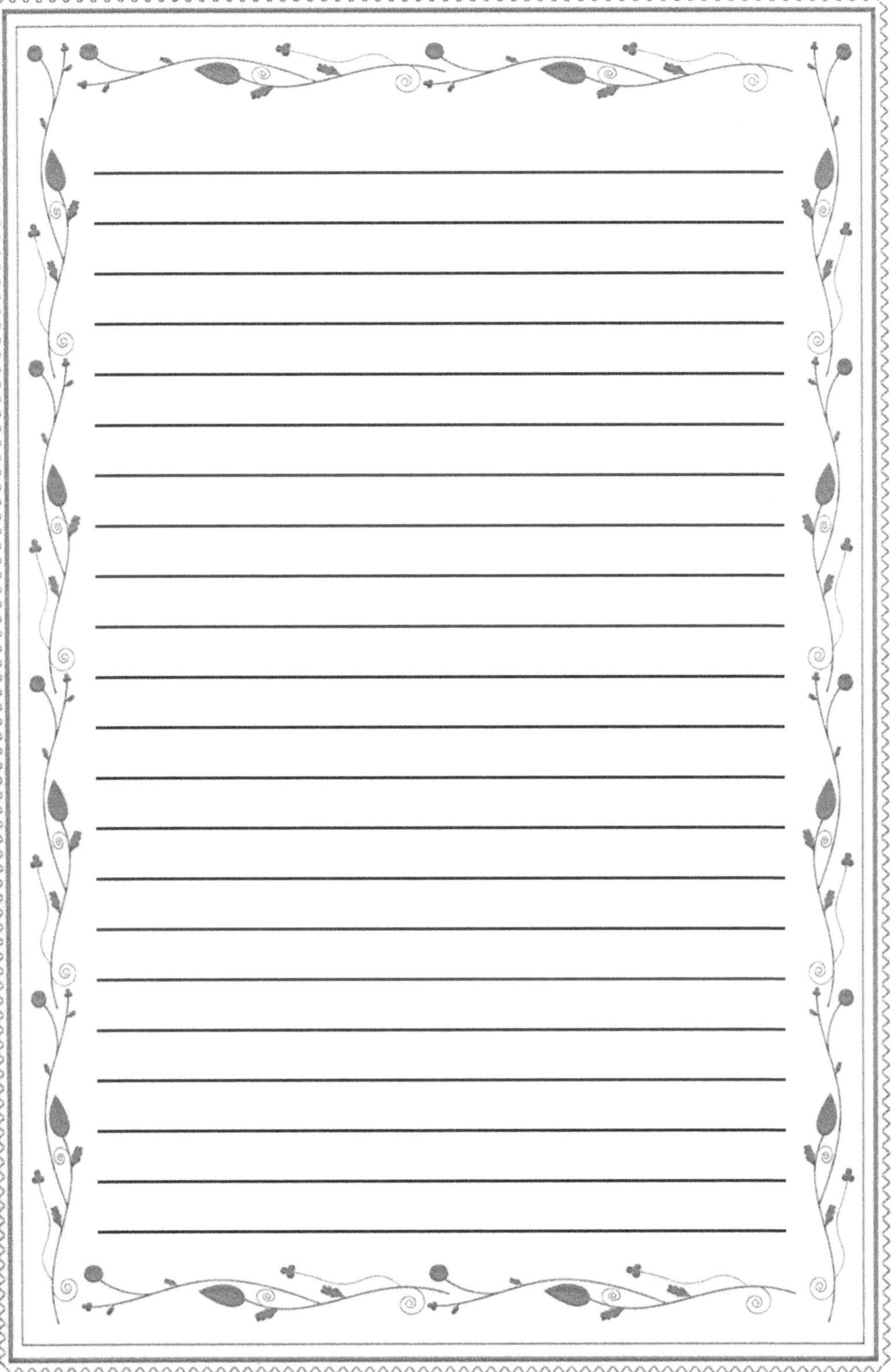

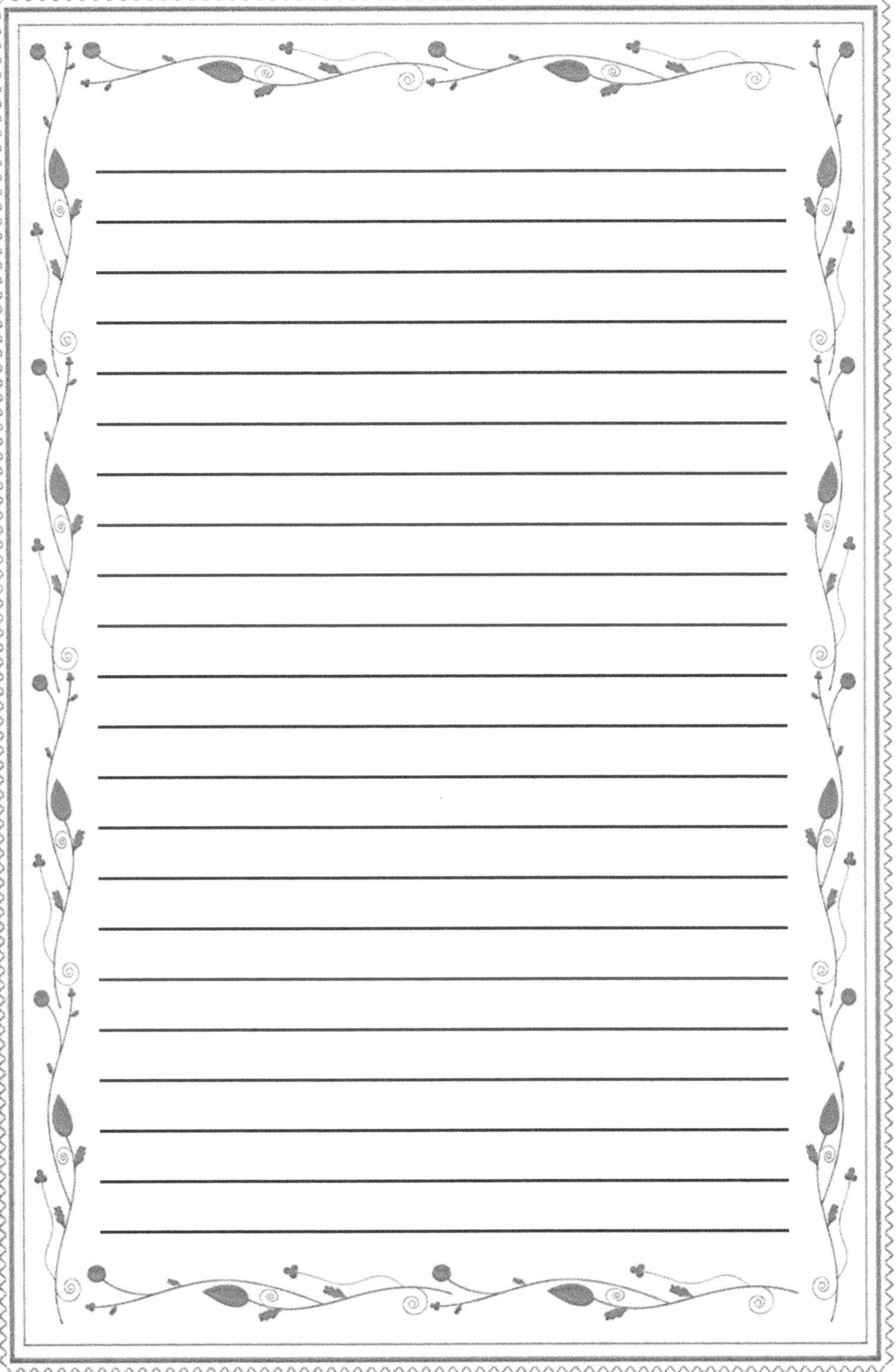

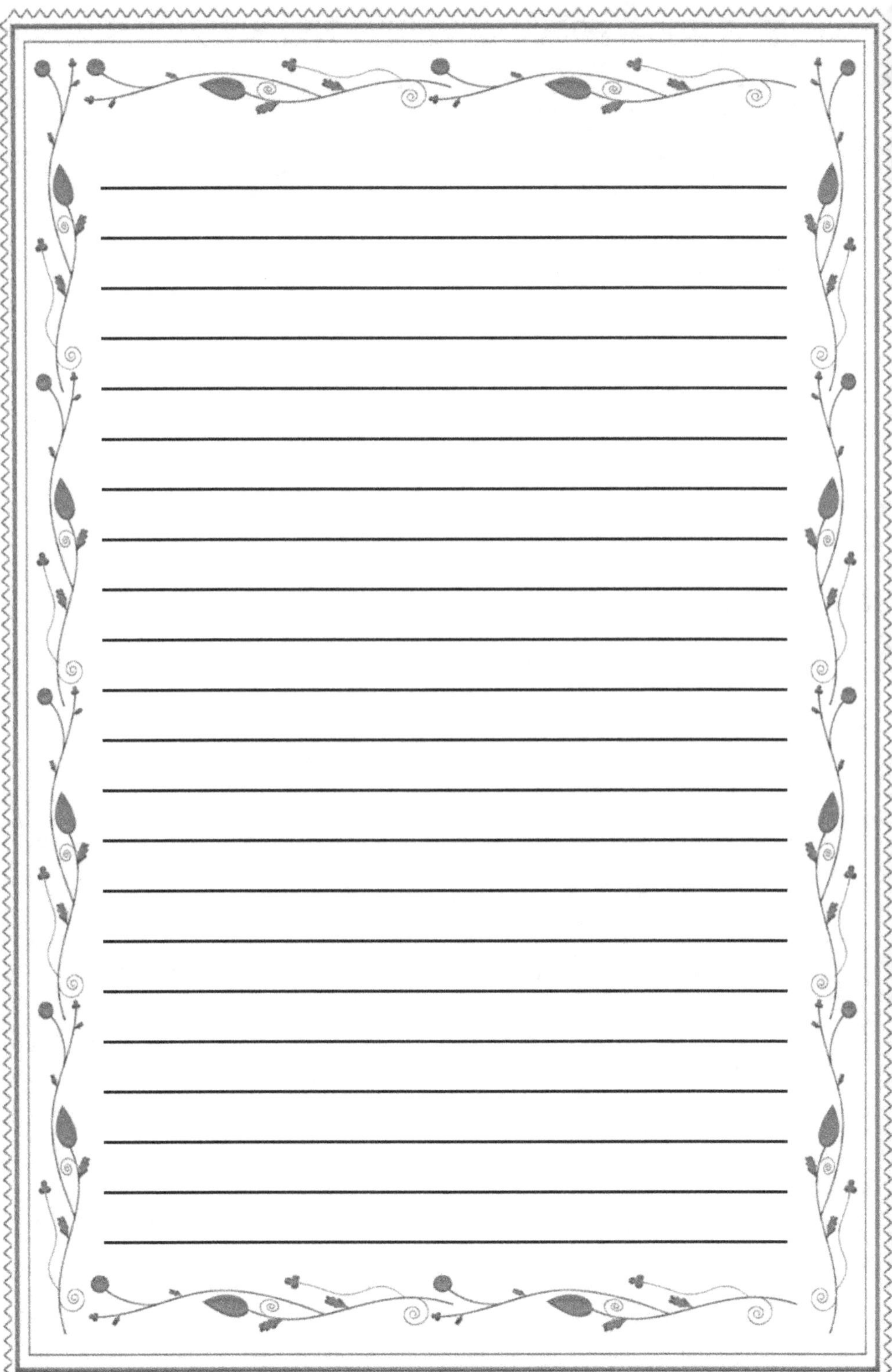

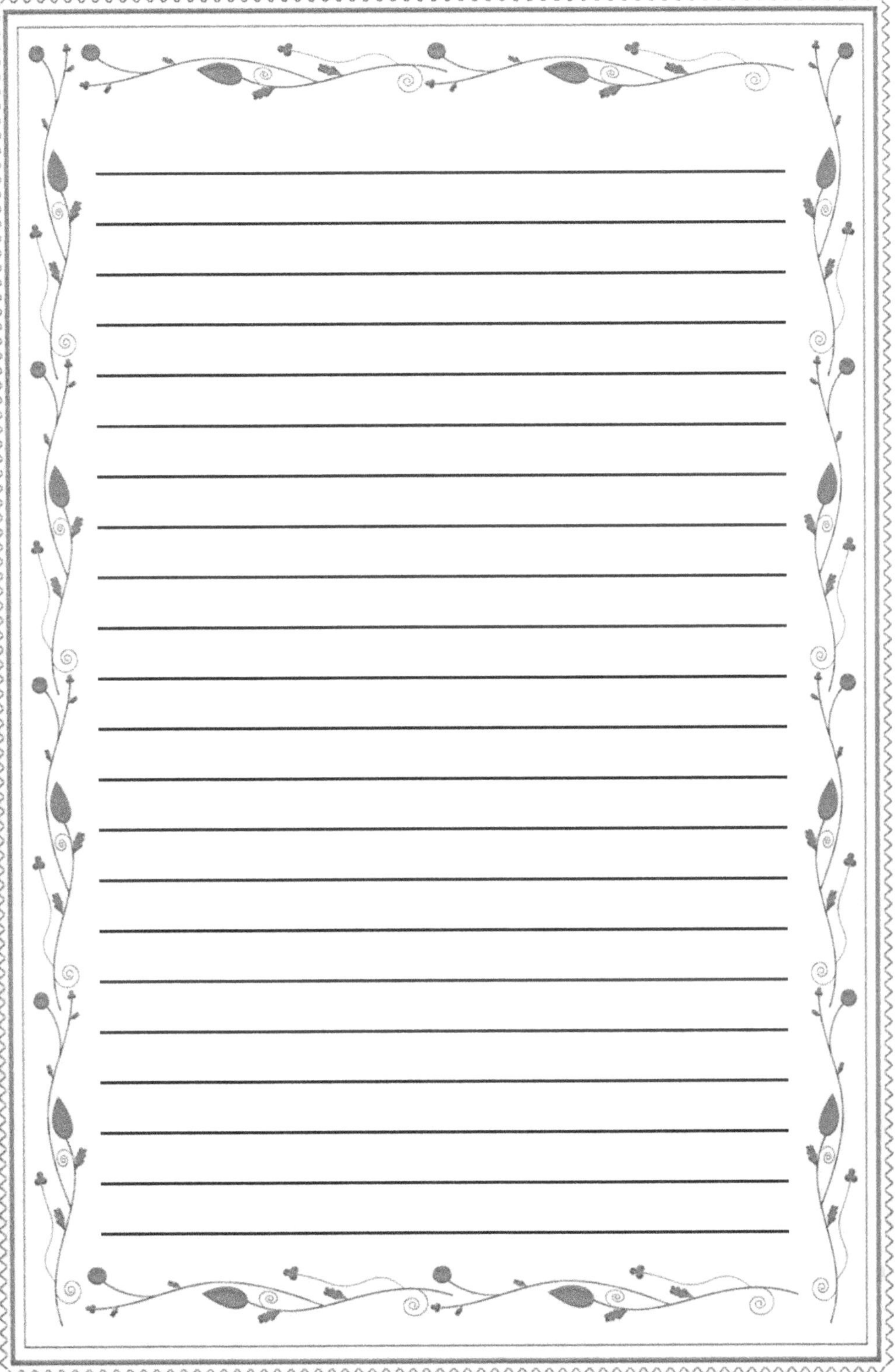

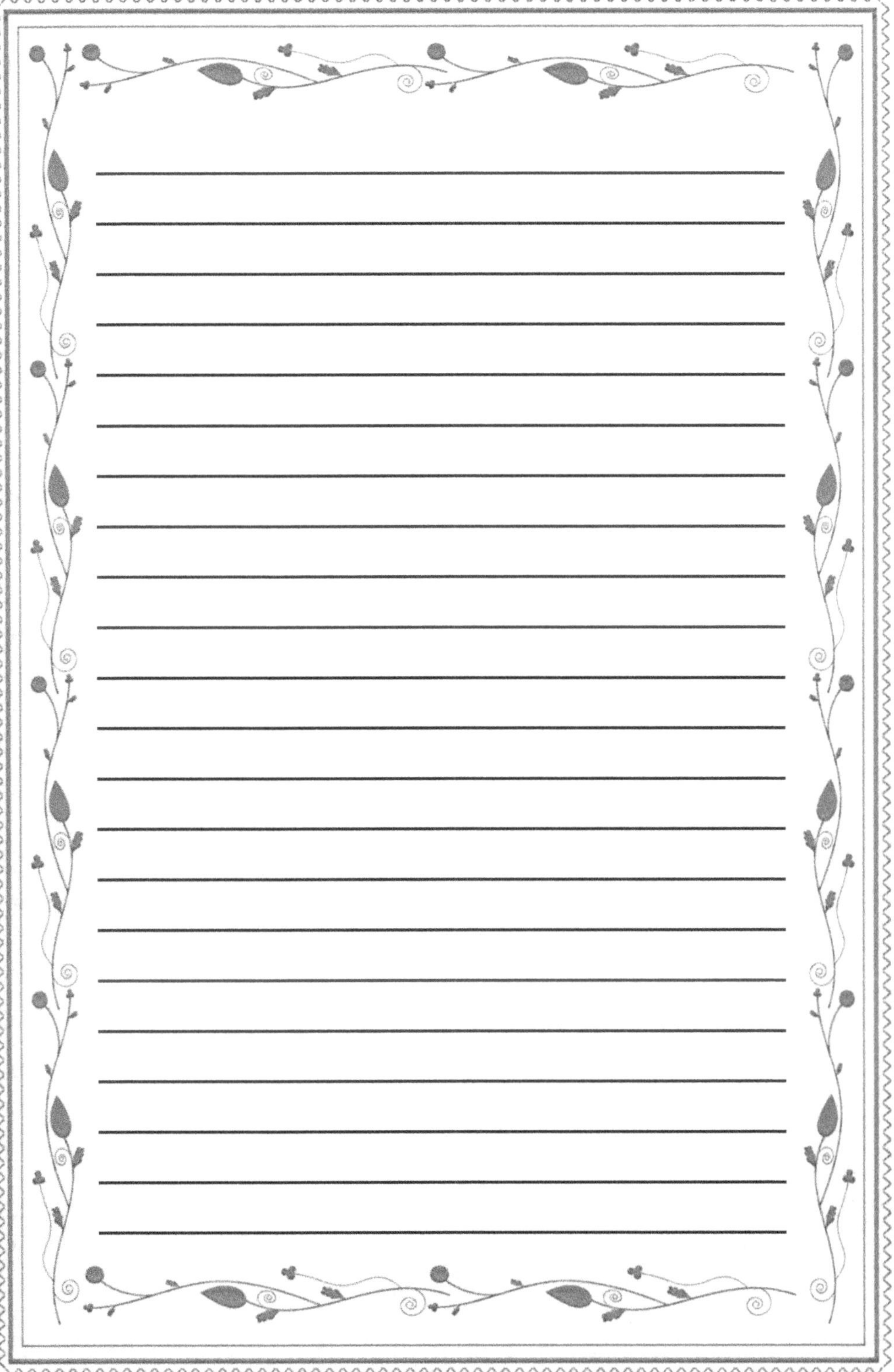

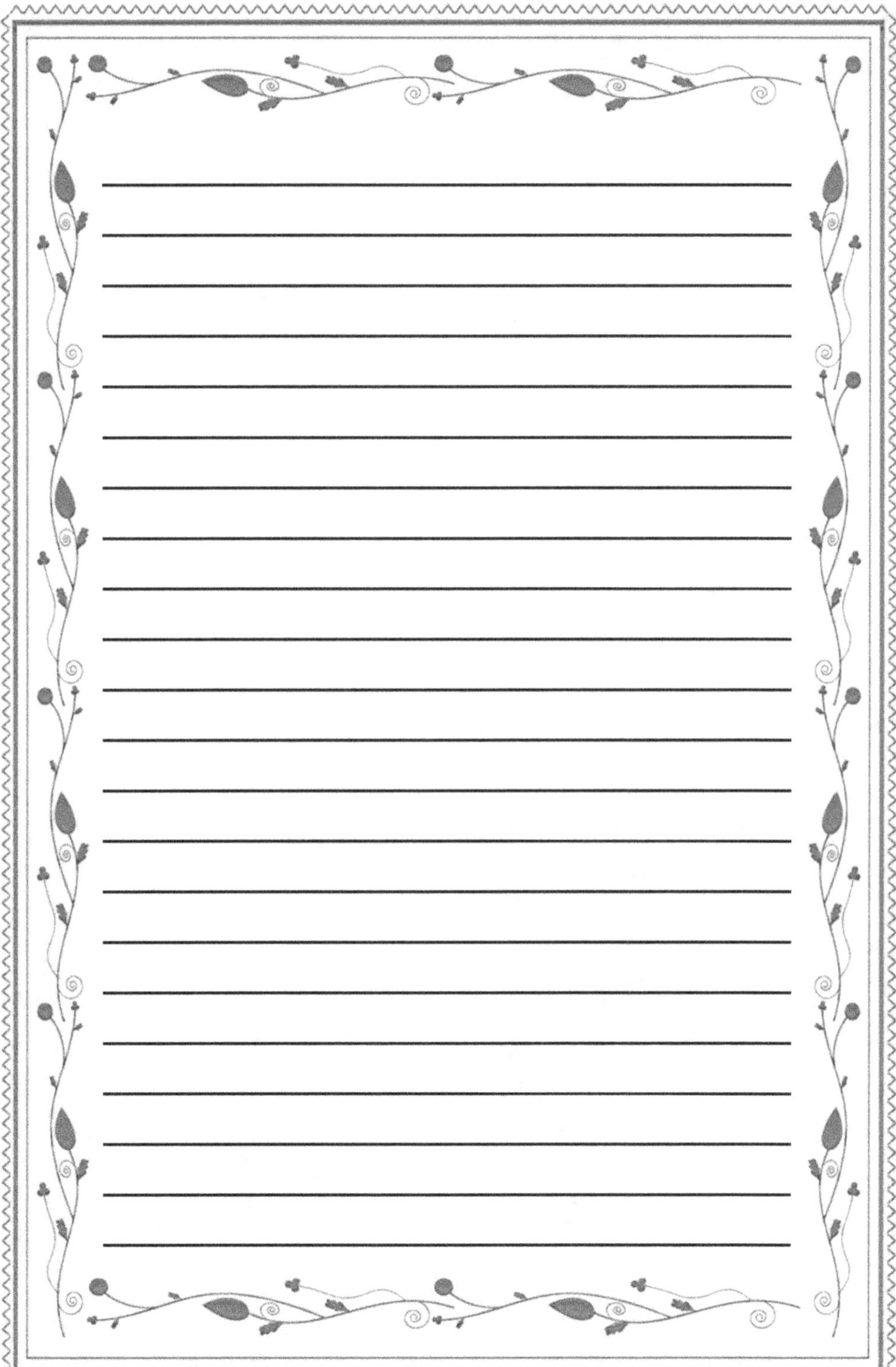

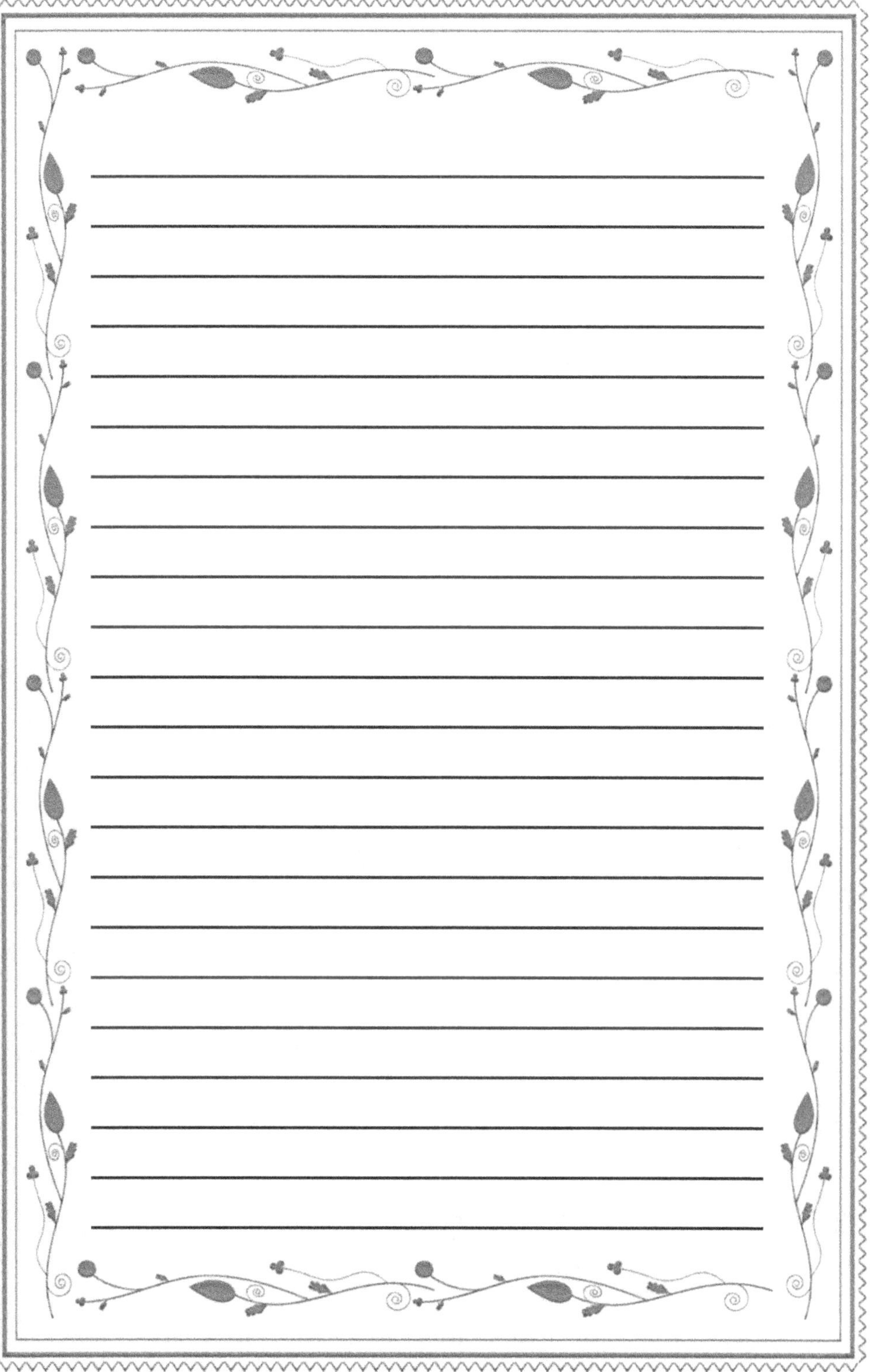

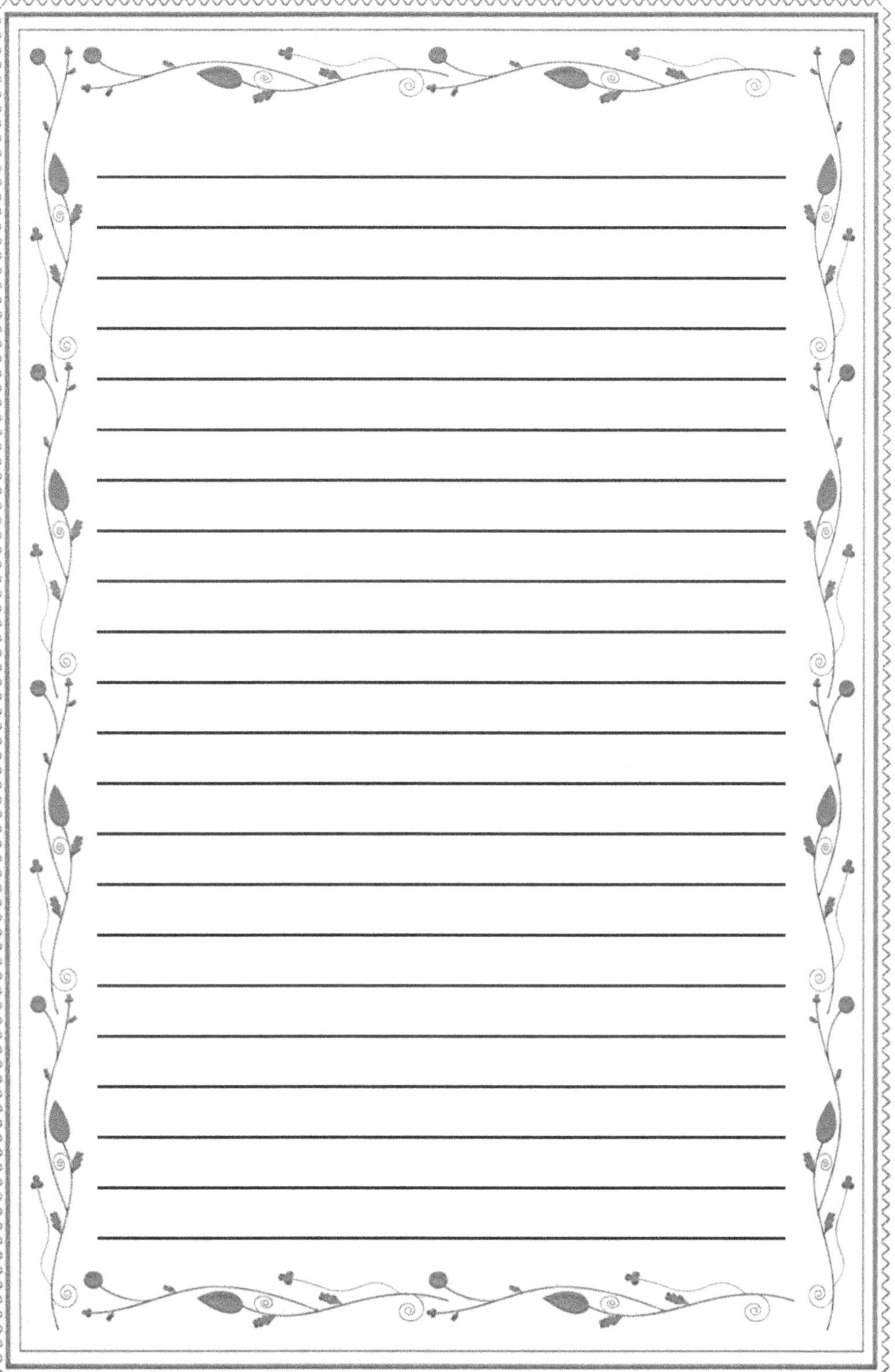

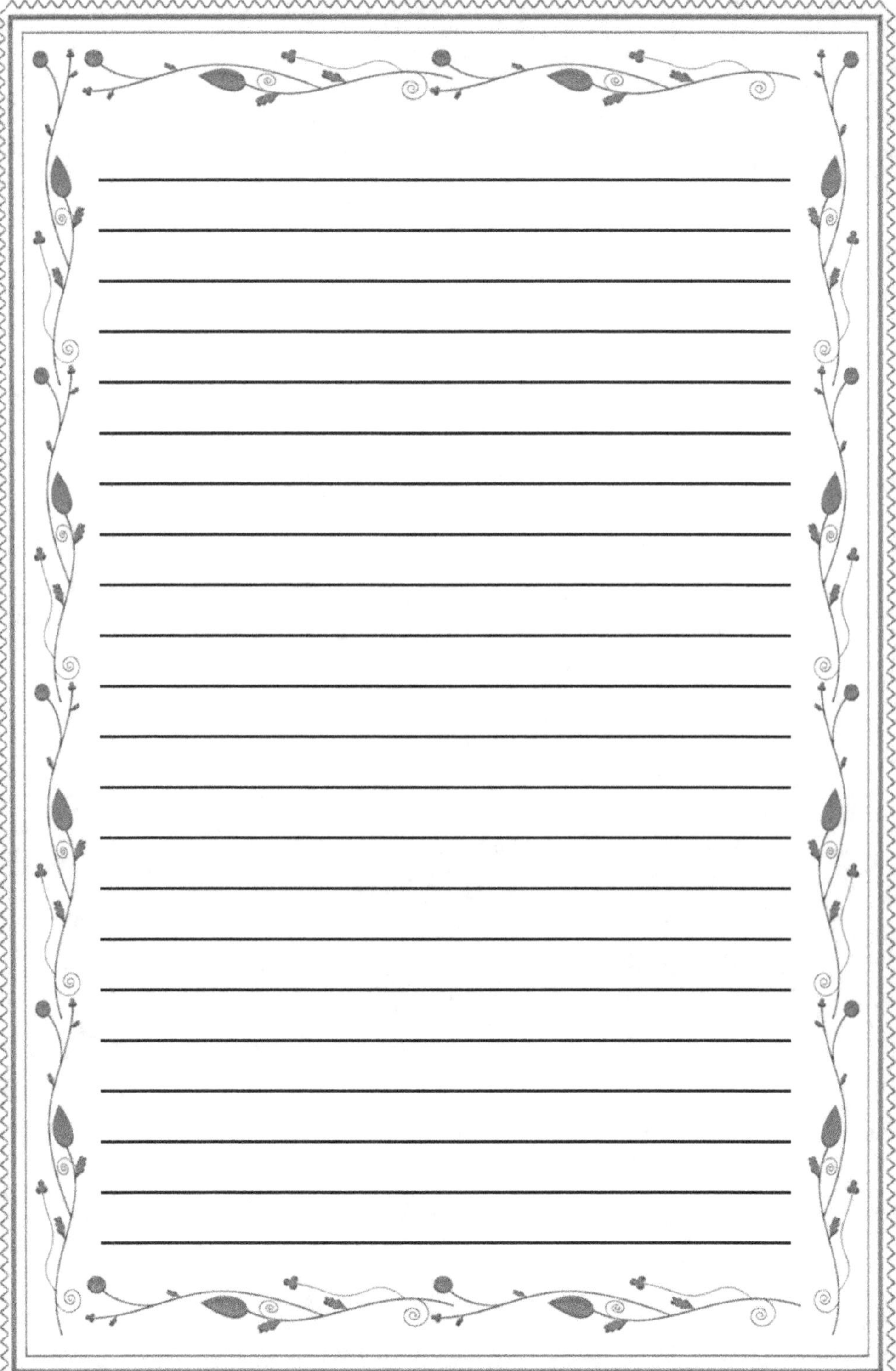

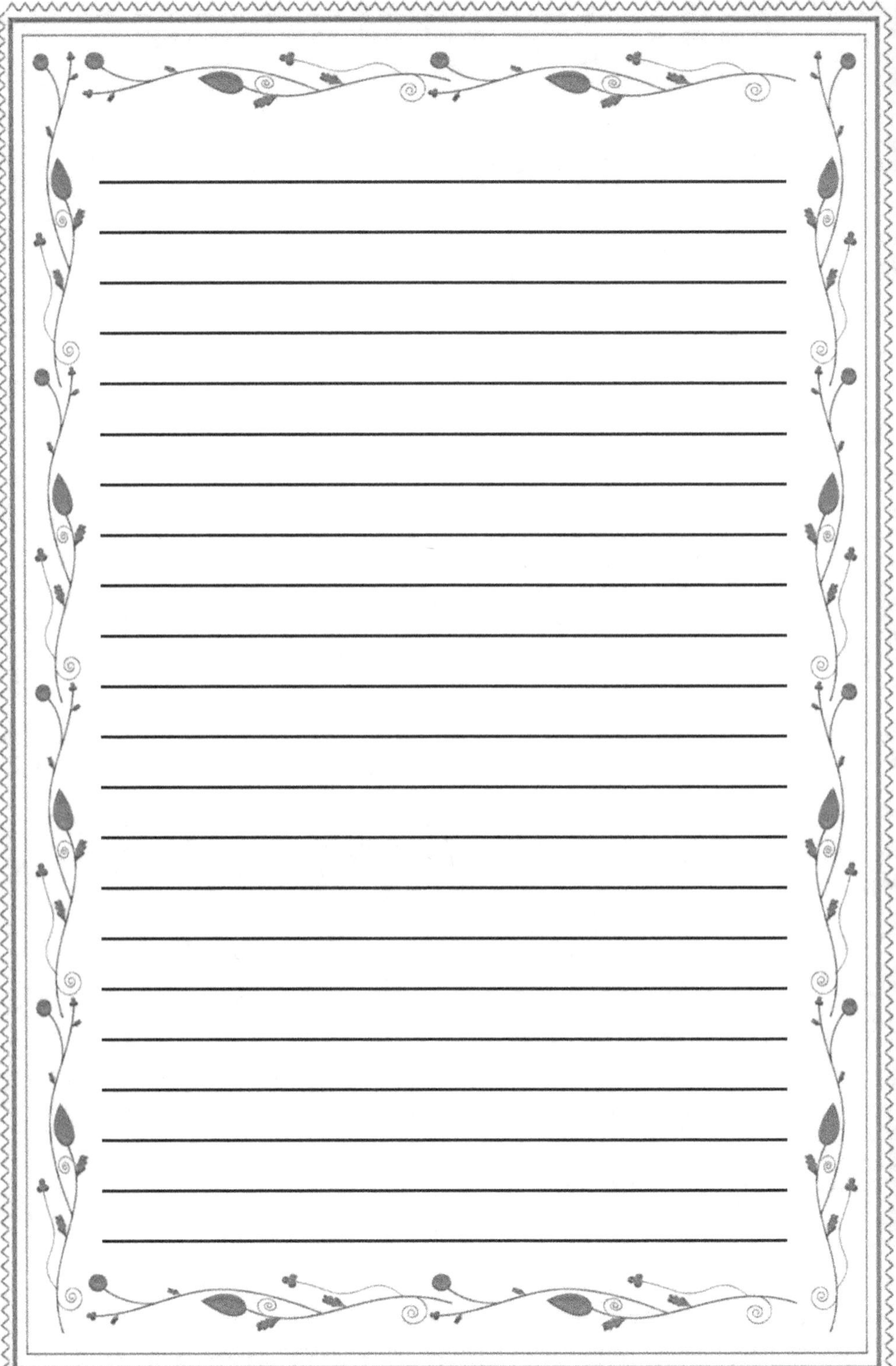